DOM PEDRO V

ET

DOM LUIZ IER

ROIS DE PORTUGAL ET DES ALGARVES

DOM PEDRO V

ET

DOM LUIZ IER

ROIS DE PORTUGAL ET DES ALGARVES

ÉTUDE HISTORIQUE

PAR

A. L.-DUQUESNE

DIRECTEUR DU JOURNAL LA REVUE DE L'EMPIRE

PARIS

LEBIGRE-DUQUESNE FRÈRES, ÉDITEURS

16, RUE HAUTEFEUILLE

1861

DOM PEDRO V

ET

DOM LUIZ IER

ROIS DE PORTUGAL ET DES ALGARVES

> « Voyez combien la mort a été terrible
> « Que d'années elle ravit à cette jeunesse,
> « Que de joies elle enlève à cette fortune,
> « Que de gloire elle ôte à ce mérite. »
>
> (BOSSUET, *Oraison funèbre de la reine d'Angleterre.*)

I

Il faut encore remonter assez loin dans l'histoire, pour trouver des exemples de familles royales éprouvées d'une façon cruelle et soudaine, par des coups répétés, autant que l'a été dans ces dernières années, et surtout dans ces derniers jours, la maison de Portugal.

Auguste, maître souverain de l'empire, et parvenu au comble de la gloire, voyait son trône entouré d'une jeune et nombreuse postérité ; mais la mort lui ravit coup sur coup ses fils d'adoption, et avant tous l'héritier du nom des Marcellus, celui dont le trépas prématuré a été immortalisé par les larmes de sa mère Octavie et par les vers du poëte :

Ostendent terris hunc tantùm fata, neque ultrà
Esse sinent. Nimiùm vobis Romana propago
Visa potens, superi, propria hæc si dona fuissent !

Vers qui sont gravés dans tous les cœurs, et que l'on ne pourrait s'empêcher d'appliquer à la mémoire du jeune souverain que pleure aujourd'hui le Portugal, si Dieu, comme pour augmenter les regrets de sa perte, ne l'avait fait un instant monter sur le trône, et ne lui avait permis de déployer des vertus et des talents qui n'étaient encore que des espérances dans Marcellus.

II

Dix-sept siècles plus tard, un autre poëte, car on nous pardonnera d'appeler de ce nom le prophète des temps modernes, à qui Dieu prêtait son souffle, et qui chantait la mort avec ces terribles accents et cette sublime inspiration que le christianisme seul pouvait éveiller en lui, un autre poëte, Bossuet, élevait la voix sur des tombes royales et faisait tressaillir la France au récit d'augustes douleurs. Les voûtes de deux églises retentissaient du nom d'illustres princesses, filles de la maison de France, et ce double deuil était comme un funèbre avertissement pour Louis XIV, dont la cour fastueuse allait être bientôt attristée et désolée par la mort. Cette ennemie des éternelles prospérités, cette rivale jalouse des grandeurs de la terre, préparait une amère vieillesse au plus glorieux représentant de la royauté, et le condamnait à survivre aux enfants de ses enfants.

Et par dessus les siècles, l'orateur chrétien semblait tendre la main au poëte païen, et unir sa voix à la sienne pour célébrer des infortunes qui sont de tous les temps, et faire couler des larmes dues à des malheurs soudains et à de précoces trépas.

« Voyez, s'écriait-il, voyez combien la mort a « été terrible! Que d'années elle ravit à cette jeu- « nesse! que de joies elle enlève à cette fortune! « que de gloire elle ôte à ce mérite! »

Si l'on ne savait que ces paroles ont été prononcées sur une autre tombe, on les croirait inspirées par la douleur présente que la fin du roi dom Pedro V a jetée dans le monde, tant elles s'appliquent au destin de ce prince enlevé à la fleur de l'âge, aux joies que lui promettaient sa naissance et une glorieuse couronne, aux espérances qu'avaient fait naître les premières et trop courtes années de son gouvernement; aimables prémisses du règne de la bonté et de la vertu. Les Titus ne vivent pas longtemps!

III

Loin de nous la prétention, que rien ne justifierait, d'inscrire notre nom à côté de ceux des chantres illustres que nous venons de citer; ce n'est pas à nous qu'il appartient de déplorer dignement les malheurs de la maison de Bragance-Saxe-Cobourg-Gotha.

Mais au moment où une série extraordinaire de douleurs, et les coups répétés de la mort, ont attiré tous les yeux vers une dynastie déjà recommandée à l'attention publique par les efforts et l'héroïsme du premier héritier de dona Maria II, nous avons cru qu'il nous était permis de satisfaire cette légitime curiosité, par un récit rapide de l'histoire du Portugal, pendant ces huit dernières années.

L'état du royaume, à la fin du règne agité de dona Maria II, la vie si courte, mais si remplie du jeune roi, dom Pedro V, la régence de son père dom Fernando, les cérémonies de son avénement au trône, sa ferme et loyale administration, son dévouement pendant la fièvre jaune qui désola Lisbonne, et puis..... et puis tous les deuils qui attristent son palais, tel sera le tableau que nous présenterons au lecteur dans ce cadre resserré.

IV

Mais nos regards, avides de consolation, se détourneront enfin de ces tombes qui ne referment pas toujours sur elles le passé, lorsque, comme dom Pedro V, on a su par des bienfaits l'imposer aux souvenirs de la postérité; nos regards se détourneront pour se reporter vers le trône qui ne reste jamais vide, et où s'asseoit, au milieu du deuil public, celui qui est destiné à l'effacer avec le temps, et que son rang appelle à l'héritage des vertus que l'on pleure.

Rien de plus touchant, rien de plus consolant que cette transmission de la couronne de Portugal que la mort fait tomber des mains d'un prince aimé, dans celles d'un souverain que sa jeunesse, son éducation, la réputation qu'il a laissée près des diverses cours de l'Europe, les malheurs de sa race et la précoce maturité que tant d'épreuves donnent à l'esprit, que tout, en un mot, et les traditions du passé et les promesses de l'avenir, entoure de l'amour de ses sujets et des sympathies des peuples voisins.

Dom Pedro V revit en son frère dom Luiz Ier.

V

Dom Pedro V et Dom Luiz Ier sont tous deux nés du mariage de dona Maria II, reine de Portugal et des Algarves, avec Ferdinand-Auguste-François-Antoine, duc de Saxe-Cobourg-Gotha, maréchal général, deux fois régent du royaume, et qui, sous le nom de dom Fernando, a su se rendre populaire à Lisbonne, malgré son titre d'étranger.

On se rappelle toutes les épreuves qu'eut à traverser, aux diverses époques de sa vie, la reine dona Maria da Gloria. Née à Rio-Janeiro, fille de l'empereur du Brésil, dom Pedro Ier, une abdication de son père, véritable héritier de la couronne du Portugal, la destine encore enfant à ce trône qui allait lui coûter si cher. Elle confie sa fortune à l'Océan, et un vaisseau la transporte jusqu'au port de Lisbonne, que lui ferme l'usurpation de dom Miguel, son oncle ; elle ne peut même aborder dans son royaume, et, reine fugitive, donne à l'Angleterre et à la France le spectacle des infortunes d'une autre Henriette, promenant comme elle son exil sur les mers, comme elle exposée aux outrages de la fortune et jouet de toutes les vicissitudes.

Mais la France et l'Angleterre s'intéressent enfin à son sort, et son père lui rouvre en personne le chemin du trône : Dom Miguel est renversé, et dona Maria conduite à Lisbonne par les victoires de l'amiral Roussin et du capitaine Napier, commence un règne de dix-neuf ans (1834-1853).

Elle inaugure en Portugal le régime constitutionnel que la lutte ardente des partis ne peut détruire, mais fait passer par des changements funestes au repos public et à la prospérité que la reine rêvait pour ses sujets.

Cependant, au milieu des discordes civiles, au milieu des querelles incessantes des *chartistes*, des *absolutistes* et des *radicaux*, ressort déjà un fait consolant pour l'avenir du Portugal et de la nouvelle dynastie : nous voulons parler de cette lassitude des partis, de ces aspirations vers une ère de tranquillité qui fondent peu à peu les pouvoirs même les plus agités, et, laissant enfin le champ libre aux souverains, leur permettent de consacrer toute leur activité au bonheur de leurs peuples.

La reine dona Maria II peut mourir avec la

pensée que ses souffrances n'auront pas été perdues, et que par les longs ennuis d'un règne sans cesse troublé, elle aura du moins payé le repos de ses successeurs. Une révolution militaire, conduite par le maréchal Saldanha, et suivie de l'alliance des radicaux et des chartistes, lui fait goûter à elle-même les bienfaits de cette précieuse tranquillité. Et quand Dieu la rappelle à lui, les regrets et les pleurs de tous les Portugais attachent à son nom une popularité d'autant plus flatteuse qu'elle était peut-être plus tardive. La justice commence pour elle avec l'histoire.

VI

Mais ce qui marque surtout le fait que nous signalions tout à l'heure, ce qui confirme l'espoir que dona Maria avait pu emporter avec elle dans la tombe, c'est le succès et la facilité avec lesquels dom Pedro de Alcantara, son fils aîné et par conséquent son successeur, traversa l'épreuve toujours périlleuse d'une régence et d'une minorité. On pouvait s'attendre à une transmission au moins contestée et troublée, de cette couronne que des mains usurpatrices avaient jadis arrachée à la feue reine, et que les partisans du pouvoir absolu, autrefois représenté par dom Miguel, ne désespéraient peut-être pas de reconquérir.

Il n'en fut pas ainsi, et le père du nouveau roi, dom Fernando, chargé de l'administration du royaume pendant cette minorité, put bientôt remettre avec joie sur la tête de son fils, cette couronne qui était restée entre ses mains comme un dépôt sacré pour tous. Aucune crise politique n'avait suivi la mort de dona Maria.

Si dans le calme et le bonheur de cette succession se révèlent les tendances du Portugal et son amour pour la monarchie, que les discordes des partis ont pu parfois égarer, mais jamais refroidir, nous devons aussi, en bonne justice, faire, pour une large part, honneur du succès à l'esprit conciliant et au sage gouvernement du régent, Dom Fernando.

VII

Dom Pedro V (Maria-Fernando-Miguel-Raphaël-Gabriel-Gonzaga de Alcantara) était né à

Lisbonne, le 16 septembre 1837. A la mort de la reine sa mère, il lui restait donc deux ans à attendre pour arriver à sa majorité. Son père, Dom Fernando, prince de Saxe-Cobourg-Gotha, administra le royaume en qualité de régent, pendant cet intervalle, et nous ne pouvons mieux rendre compte de son gouvernement, qu'en citant un passage du discours qu'il tint en remettant ses pouvoirs. Ses nobles intentions, qu'il réalisa d'ailleurs, y sont exprimées avec la franchise et la netteté que donne la conscience du devoir loyalement rempli.

« J'ai voulu, dit-il, faire aimer le système re-« présentatif qui nous régit, maintenir intacts « les droits et les garanties des citoyens portu-« gais, effacer jusqu'aux derniers vestiges de nos « dissensions passées, et conserver ainsi l'espoir « de voir luire un règne heureux, objet de l'a-« mour du peuple, qui consolide nos institutions « libérales, et enracine profondément la con-« fiance *par sa durée comme par le caractère loyal « et généreux du monarque.* »

Ah! ces dernières paroles prouvent que Dom Fernando connaissait son fils! Il pouvait faire de Dom Pedro V cet éloge mérité et que l'histoire a déjà consacré, lui qui avait présidé à l'éducation de ce malheureux prince, et lui avait inculqué comme des qualités héréditaires, *cette loyauté* et *cette générosité!* Mais ce qu'il ne dépendait pas de lui d'assurer au Portugal, ce qu'il ne pouvait que souhaiter avec tout un peuple, c'est la *durée* d'un règne dont il avait préparé la prospérité, et que la mort est venue soudain briser.

VIII

La Providence destinait Dom Fernando à une nouvelle régence, c'est-à-dire à de nouveaux malheurs. Car, par un funeste privilége, le rang qu'il occupe près du trône l'a fait pour un instant héritier de ses fils pendant leur minorité ou pendant leur absence, et c'est à lui qu'est échu le douloureux honneur de représenter encore une fois la royauté, au milieu du deuil public et en attendant l'arrivée du roi Dom Luiz, hôte de la France.

Il a vu mourir coup sur coup, et pour ainsi dire entre ses bras, l'infant Dom Fernando, et l'aimable prince qu'il avait formé pour le Portugal, et dont le trépas prématuré anéantissait tous les soins du passé et toutes les promesses de l'avenir! Presque sur la tombe de ses deux fils, il a juré de nouveau respect à cette constitution dont l'amour des Portugais lui confiait encore la garde, et la douleur du père a dû céder aux devoirs du régent.

Prince éclairé, l'époux de Dona Maria II s'est rendu populaire à Lisbonne et dans le monde savant par son goût pour les arts. Il est Président de l'Académie royale des sciences; une curiosité artistique que sa fortune lui permettait de satisfaire, lui a fait réunir une des plus riches collections de l'Europe, et l'on cite avec admiration les merveilles de son palais de la Pena, à Cintra.

IX

Il avait su inspirer à ses fils cet amour de la science et des arts; peu de souverains furent plus instruits que Dom Pedro V; il possédait presque toutes les langues; mettant à profit les dernières années de sa minorité, il perfectionna ses études par des voyages en Angleterre, en France, en Italie, en Suisse, en Belgique; et si les devoirs de sa future royauté et l'amour d'un peuple dont il venait apprendre à faire le bonheur, le poussaient à observer les mœurs et à étudier les constitutions de ses hôtes, un goût naturel et héréditaire l'attirait dans les musées et près des monuments des grandes villes qu'il visitait.

Il était à Paris en 1855 et vit l'Exposition universelle qui eut lieu cette année.

Un heureux hasard nous fit rencontrer à cette époque, au musée de Cluny, le jeune souverain dont nous ne nous serions pas crus si tôt appelés à raconter les malheurs et la mort. Son frère, aujourd'hui son successeur, sous le nom de Dom Luiz Ier, l'accompagnait. Nous avons pu voir avec quelle attention et avec quelle studieuse patience les deux princes examinaient tous les objets offerts à leurs regards, et se rendaient compte des secrets et des beautés d'un autre âge, trésors d'antiquité renfermés dans un palais séculaire comme le dépôt qui lui est confié. Leur physionomie intelligente et cet air de contemplation sérieuse qui contrastait avec l'extrême jeunesse de leurs visages réfléchis, avaient frappé tous les assistants; et comme l'on savait que dans quelques mois à peine un trône attendait l'auguste visiteur, heureux, pensait-on, heureux le peuple qui sera gouverné par ce prince, ami des arts et de l'étude; heureux le prince lui-même qui n'a pas dédaigné ce plus bel ornement de la royauté, et se prépare au divin métier de roi par le plus noble des apprentissages!

X

Ils furent heureux, en effet, les commencements d'un règne si laborieusement préparé, et si nécessaire au repos du Portugal! Les passions anarchiques se sont tues; la faveur et la popularité, les espérances de la nation et les sympathies des cours étrangères où son souvenir vit encore, entourent la jeunesse de l'héritier des Bragance en Europe; son avénement est partout salué, et des fêtes brillantes l'annoncent au monde entier (16 novembre 1855).

Ces apprêts et ces fêtes, ces splendides cérémonies d'un couronnement solennel et acclamé par les cris d'allégresse de tout un peuple, nous ne pouvons les décrire sans que l'image du deuil qui devait leur succéder au bout de quelques années ne vienne attrister notre pensée, et suspendre la plume dans notre main... Mais il faut poursuivre notre récit, et, sans trop nous arrêter à ce douloureux contraste, montrer par la joie qui inaugure le nouveau règne, et par les pleurs qui en marquent la fin imprévue, quel amour Dom Pedro avait inspiré à ses sujets, et quels légitimes regrets devait éveiller sa perte!

Il prête, au sein des Cortès, serment de fidélité à la constitution portugaise, et ce serment n'était pas une vaine formalité dans cette bouche loyale; dom Pedro V restera ferme et inébranlable contre l'avis même de ses conseillers, et contre l'enthousiasme d'un peuple disposé à lui faire le sacrifice de toutes ses libertés.

Dans le discours de la couronne, il trace en peu de mots, mais avec une simplicité touchante qui révèle toute la bonté de son âme, le programme d'un règne si vite interrompu, mais marqué par tant de bienfaits :

« Espérons, dit-il, que le règne qui commence

« obtiendra les bénédictions du Tout-Puissant, « que les sujets de cette monarchie, qui s'étend « dans diverses parties du monde, béniront leur « roi et son gouvernement, que la liberté et la « justice régneront avec moi, et alors je pourrai « me considérer comme heureux au sein du bon- « heur de tous. »

Dieu, dans ses desseins impénétrables, n'a pas exaucé tous les vœux du jeune roi et n'a pas versé toutes ses bénédictions sur son règne ; mais, en ce qui dépendait des efforts et de la volonté de dom Pedro lui-même, le programme a été fidèlement rempli; la justice et la liberté ont régné avec lui, et les pleurs de tous ses sujets ont honoré sa tombe.

Ce n'est pas que la religion n'eût placé la couronne sous la protection de ce Dieu tout-puissant auquel il dédiait son règne : un *Te Deum* fut solennellement chanté dans l'antique cathédrale de Sainte-Marie, et le ciel, dans la plus imposante des cérémonies, fut pris à témoin des espérances du peuple portugais et des saintes promesses du souverain.

Le vieux maréchal, duc de Saldanha, le présenta ensuite à l'armée rangée sur la place du

Commerce, et la municipalité de Lisbonne lui remit, selon les traditions, les clefs de la capitale du royaume.

Et le règne de dom Pedro V commença, au milieu de la joie universelle et dans l'attente d'une prospérité que le Portugal ne connaissait plus depuis tant d'années.

XI

Après la chute du marquis de Pombal, qui administra le royaume sous le règne de Joseph Ier, le Portugal était tombé dans un état d'infériorité relative (1777-1853). Encore est-il juste de dire que la politique violente de ce ministre, novateur infatigable, mais despote impérieux, fit payer cher au pays les bienfaits qu'il lui imposa, plutôt qu'il ne l'en gratifia ; et les encouragements qu'il donna à l'agriculture, l'amélioration du système financier, le rétablissement de la discipline dans l'armée, la protection accordée à la marine et à l'instruction publique, ne peuvent faire oublier le sang versé, les supplices infligés à la noblesse, et l'alliance avec le tribunal de l'inquisition.

Puis vinrent pour le Portugal, comme pour tous les autres États d'Europe, des temps d'épreuves : l'invasion étrangère force la cour de s'exiler au Brésil, et la guerre de l'indépendance absorbe toutes les ressources de la nation.

La victoire ne lui rend pas le repos, et d'une lutte héroïque contre les ennemis du dehors, elle passe à des discordes civiles et à des révolutions intérieures qui usent son activité dans un funeste et stérile désordre.

Le Brésil se détache de sa métropole, et l'usurpation, comme nous l'avons dit, conteste et arrache à la reine dona Maria II un pouvoir qu'elle parviendra à reconquérir, mais que les efforts contraires des partis l'empêcheront de faire servir au bonheur de son peuple.

Elle meurt, et la régence de son époux, dom Fernando, prépare une prospérité qu'elle a pu entrevoir elle-même à la fin de son règne, et qu'aurait assurée le sage gouvernement de dom Pedro V, si la mort n'était venue en retarder la réalisation.

XII

Mais les courtes années de ce règne éphémère sont une trop douce consolation du passé et un trop bel enseignement de l'avenir pour que nous taisions ses bienfaits.

Dom Pedro V, fort de l'éducation qu'il avait reçue, et mettant à profit les études politiques qu'il avait faites pendant ses voyages, tourne tous ses soins vers l'administration intérieure. Il comprend son rôle de souverain dans ce siècle où les découvertes de la science et les merveilles de l'industrie semblent avoir changé les traditions gouvernementales; car de nouveaux besoins imposent à la royauté, comme le plus pressant et en même temps comme le plus glorieux des devoirs, les améliorations qui tendent au bien-être général, et cette sollicitude éclairée qui féconde les ressources d'un pays et donne à chacun sa part des richesses de la terre.

Ces ressources et ces richesses, la nature les a prodiguées à la nation portugaise, et sa position au coin le plus reculé de l'Europe méridionale, près de l'Océan où s'ouvrent trois grands fleuves navigables pour elle seule, semble assurer à son commerce le plus grand essor et le plus florissant avenir.

Mais le développement intérieur manque à tous ces éléments de prospérité; l'absence de voies de communication, l'abandon de l'agriculture, et pardessus tout la malheureuse situation des finances, sont autant d'obstacles qu'il faut vaincre, et qui appellent des réformes économiques.

L'œuvre est grande et difficile, mais elle n'est pas au-dessus des talents et du courage de dom Pedro V. Il l'entreprend avec intelligence et fermeté, trop heureux si la Providence le destine à faire jouir le Portugal d'une paix si nécessaire, d'une liberté mesurée, mais féconde, et de tous ces progrès de la civilisation moderne, qui tournent en force pour un pays, et en gloire pour les souverains.

XIII

Le tableau des réformes qu'il a tentées et accomplies, des institutions dont il a doté le royaume, quoique resserré dans un étroit espace d'années, laisse néanmoins entrevoir à l'imagination toute la grandeur de l'œuvre interrompue par la mort (15 septembre 1855 — 11 novembre 1861).

Six années, voilà tout le délai que la Providence lui accorde! Mais que ce temps est bien rempli, et par quelle activité le prince dérobe au destin une partie de l'avenir!

Partout renaît la prospérité matérielle; des routes sont ouvertes et portent la vie, de la capitale aux extrémités du royaume; les chemins de fer s'exécutent enfin, après mille vicissitudes; une ligne de près de deux cent cinquante kilomètres reliera à Lisbonne Porto, la seconde ville du Portugal; une autre rapprochera les distances qui séparent les grands centres des frontières et des villes de l'Espagne; et les chemins du sud compléteront ce réseau de voies ferrées, qui feront participer toutes les provinces aux bienfaits de la civilisation.

Des bateaux à vapeur sillonneront le Tage, le Duero, le Minho, et exploiteront pour les intérêts du commerce, ces routes mobiles des fleuves et des rivières ouvertes par la nature.,

Des traités de navigation, conclus pendant la régence de dom Fernando, ont facilité les rapports du commerce portugais avec les États de l'Amérique du Sud; ces relations lointaines, si favorables à l'essor d'une puissance maritime, dom Pedro V les étend et les complète par un nouveau traité avec le roi de Siam.

XIV

Mais il n'oublie pas que le bonheur d'un peuple n'est pas attaché seulement aux satisfactions matérielles, et que la culture de l'esprit réclame sa part des soins d'un gouvernement éclairé.

Digne fils de dom Fernando, les lettres, les sciences et les arts trouvent en lui un zélé protecteur; il favorise et développe l'instruction publique, il ouvre des écoles, et entre autres celle de Mafra; il accorde un secours de cent cinquante mille francs pour l'extension des cours supérieurs des lettres à Lisbonne.

Les anciens monuments sont réparés, de nouveaux s'élèvent, et dans les derniers jours de son règne nous voyons ce roi infatigable inaugurer en personne, dans la ville de Porto, les travaux du Palais de Cristal.

XV

La paix intérieure, garantie par l'amour et la confiance qu'il avait su inspirer à ses sujets, permettait à dom Pedro V d'appliquer ainsi tous ses soins à de salutaires réformes.

A son avénement au trône, il conserva le ministère au vieux maréchal duc de Saldanha, qui gouvernait depuis quatre ans, et qui avait joué un si grand rôle dans les affaires du Portugal, avant et pendant le règne de dona Maria II. Mais en 1857 le ministère tomba devant l'opposition de la haute Chambre, et dans des circonstances qui mirent en relief la loyauté du souverain. Fidèle au serment qu'il avait prêté à la Constitution, et à son respect pour les Cortès, il se refusa formellement à la création de nouveaux pairs pour constituer la majorité dont avait besoin le cabinet chancelant. Et le duc de Saldanha dut abandonner un pouvoir qu'il avait si longtemps et si souvent exercé.

Le marquis de Loulé hérita de la présidence du Conseil, mais céda bientôt la place au ministère progressiste de M. d'Avila, auquel succéda à son tour la combinaison Terceira-Fontès. Le nom de ce dernier ministre restera attaché aux entreprises financières dont il fut à la fois l'ingénieux créateur et l'ardent promoteur.

Le duc de Terceira est mort en 1860; et le marquis de Loulé, de nouveau chef du ministère, a signé la proclamation qui annonce aux Portugais la fin imprévue de dom Pedro V et l'avénement de dom Luiz Ier (14 novembre 1861).

Ces divers changements, sous le règne de dom Pedro V, ne sont plus comme autrefois le résultat de troubles intérieurs et de discordes civiles; ils s'accomplissent sans secousse, et ne sont que l'expression des nuances d'une politique qui au fond resta la même, c'est-à-dire bienfaisante, paisible et dévouée au bien-être de la nation.

Désormais l'autorité royale s'exerce sans effort; reconnue, respectée, aimée de tous, elle plane au-dessus des fluctuations quotidiennes de l'opinion, à laquelle elle offre un refuge contre des souvenirs impuissants. Les partis émoussés et affaiblis se sont fondus; le peuple, las de révolutions stériles, suit avec joie le souverain dans la route nouvelle qu'il trace à son activité, et qu'il ouvre à ses espérances.

XVI

A l'extérieur, même calme, même entente de dom Pedro V avec les souverains qu'il a visités pendant sa minorité, même loyauté dans ses relations avec les peuples chez lesquels il a été apprendre l'art de gouverner.

Un concordat signé avec la cour de Rome règle les droits de patronat de la cour portugaise sur les églises d'Orient, et une sympathie méritée lui rend partout facile une politique qu'il recommandait d'ailleurs lui-même par une franchise et un esprit de conciliation réciproques.

Un instant seulement, la malheureuse affaire du *Charles-George* semble refroidir, sans les compromettre, ses relations affables et sympathiques avec l'Empereur des Français, qui, plus que tout autre, avait su l'apprécier, et dans ces jours de deuil s'est fait un devoir de rendre à sa mémoire un juste et douloureux hommage. Mais ces débats sont vite oubliés, et quand l'infant dom Luiz, duc de Porto, vient avec son frère, le duc de Béja, assister aux fêtes de Compiègne, il retrouve en France l'hospitalité généreuse et empressée qui l'avait déjà accueilli en 1855.

XVII

Non, ce ne furent point les agitations intérieures, ce ne furent point les soucis de la politique étrangère qui troublèrent ce règne si fécond en résultats, si rempli de promesses, si bien recommandé à la faveur de l'Europe.

Ce furent ces coups imprévus, ces malheurs indépendants de la volonté des princes, et qui partent d'une main divine, de la main de « celui qui « règne dans les cieux, et de qui relèvent tous

« les empires, qui se glorifie de faire la loi aux « rois, et de leur donner, quand il lui plaît, de « grandes et terribles leçons ! »

Mais si Dieu choisit Dom Pedro V comme un de ces exemples redoutables proposés aux méditations des grands de la terre, s'il veut que ses infortunes soient un enseignement pour les rois, il ne peut empêcher sa vertu d'éclater au sein des calamités, et de donner en même temps au monde le spectacle d'un héroïsme, qui, lui aussi, est une leçon !

En 1857, la fièvre jaune envahit Lisbonne, et pendant trois mois exerce de cruels ravages. Une terreur que les grands courages seuls savent vaincre, se répand dans toute la ville ; on fuit, et la peur éloigne plus d'un timide serviteur d'un poste où l'honneur aurait dû le retenir.

Dom Pedro V ne fuit pas ; il ne cherche pas un refuge contre le terrible fléau dans ces campagnes où pourtant la saison d'été l'appelait tous les ans. C'est alors qu'il se montre véritablement roi, et se dévoue tout entier à son peuple. On le voit partout où l'épidémie provoque un courage qui n'est pas toujours heureux, où elle appelle les plus grands secours. Il se porte dans les quartiers ravagés, et comme choisis par la contagion; il visite les hôpitaux, et, penché sur la couche des fiévreux, les encourage, les sauve, par ses paroles. Son exemple réunit autour de lui d'autres combattants, car c'est une lutte contre la mort, et il prend avec eux les moyens nécessaires pour arrêter la marche de l'épidémie, ou la repousser.

La fièvre jaune disparaît enfin; on compte les victimes : plus de cinq mille Portugais sont morts. La vue de tant de douleurs, le spectacle de tant d'horribles trépas frappe au cœur le jeune roi, et son visage, que l'étude et la réflexion avaient déjà marqué d'un cachet d'austérité, reste empreint d'une gravité précoce et émouvante, que de nouveaux malheurs changeront bientôt en tristesse.

Ah! puisque ses jours aussi étaient comptés, puisque lui-même était désigné à une mort prochaine, et que son œuvre allait être fatalement brisée, c'est alors qu'il aurait dû mourir! Il serait tombé, comme les héros, sur un champ de bataille; sa fin n'aurait pas coûté à l'amour de ses sujets moins de larmes qu'ils n'en versent aujourd'hui sur sa tombe; mais succombant dans la lutte, et à un péril qu'il affrontait, la gloire de son dévouement aurait encore ennobli ce deuil public, et en même temps laissé une consolation à côté des regrets; sa mort aurait paru moins soudaine, nous dirions moins injuste, s'il nous était permis de sonder les desseins de la Providence, et de nous faire juge de la Divinité!

XVIII

Dom Pedro V s'était marié le 29 avril 1858, à Berlin, par procuration, et en personne, à Lisbonne, le 18 mai de la même année, avec la princesse Stéphanie-Frédérique-Wilhelmine-Antoinette de Hohenzollern-Zigmaringen.

En même temps l'infante dona Maria-Ana, sa sœur, avait été unie au duc de Saxe.

Les fêtes de ce double mariage et les douces qualités de la nouvelle reine avaient fait oublier les malheurs passés, et ramené un peu de gaîté dans le palais *Das Necessidades*. La simplicité et la bonté toutes germaniques de la princesse, sa beauté célèbre en Europe, lui avaient promptement conquis la popularité, et les plus grandes espérances s'attachaient sur celle qui devait perpétuer une dynastie aimée, quand une courte maladie l'enleva, le 17 juillet 1859.

Dom Pedro V était atteint dans sa famille et dans ses plus chères affections, comme il l'avait été naguère dans son peuple.

Nous ne pouvons mieux exprimer la douleur que ce nouveau coup éveilla en lui, qu'en citant un passage d'une lettre adressée au duc de Terceira, où son âme se dépeint tout entière, avec son exquise sensibilité, sa touchante tendresse et cette expérience précoce, cette maturité que donne le malheur.

« Mon cher duc, écrit-il, toutes les consola-
« tions, tous les soulagements sont de peu de
« valeur dans des douleurs telles que la mienne.
« C'est encore une épreuve, et très-rude, qu'il
« a plu à la Providence de me faire subir; le plus
« grand nombre des malheurs nous atteint rare-
« ment dans l'âge où les ambitions et les illusions
« commencent à peine à les préparer....

« Je me résigne cependant à ma destinée, et
« j'accomplis mon devoir pour lui-même, et non
« pour ce qu'il peut valoir....

« Pendant les quatre années de mon règne,

« moi et mon peuple, nous avons été compagnons
« dans le malheur. La conscience me dit que je
« ne l'ai jamais abandonné : il ne m'abandonne
« pas non plus aujourd'hui que je cherche un
« soulagement, et que je ne le trouve presque
« pas en dehors de la religion qui nous ordonne
« de croire et d'espérer, et des larmes qui se con-
« fondent avec les miennes. »

XIX

Les soins du gouvernement, si pénibles parfois, ont du moins cet avantage qu'ils ne laissent pas les princes trop longtemps livrés à la douleur, et leur offrent une consolation naturelle dans l'accomplissement de leurs devoirs et l'exercice du rôle que Dieu leur a confié sur la terre.

Dom Pedro V se rapproche encore plus de son peuple qui pleure avec lui.

Mais il est jeune encore et la fortune lui doit des compensations : peut-être le bonheur luira-t-il enfin pour lui. Hélas! la Providence n'accorde qu'une trêve de deux années à ce cœur déjà si cruellement éprouvé, et lui ménage de nouveaux coups ; et comme pour faire contraster la joie avec la douleur, les fêtes avec le deuil, dans l'espace de deux mois à peine, il présente à nos regards le spectacle d'un mariage et de deux morts !

Des fêtes brillantes, et dont le bruit retentit dans toutes les cours de l'Europe, signalent le mariage de l'infante dona Antonia, sœur du roi, avec Léopold, prince héréditaire de Hohenzollern-Sigmaringen (septembre 1861).

Le mois suivant, ses deux frères, les infants dom Luiz, duc de Porto, et dom Joao, duc de Beja, se rendent en France, où les appelle l'hospitalité de l'Empereur Napoléon III, et viennent prendre leur part des réjouissances de la cour de Compiègne.

Ils sont partis depuis quelques jours à peine, et n'ont pas eu le temps de pressentir de nouvelles calamités, quand soudain l'événement le plus inattendu, le coup le plus douloureux plonge le Portugal dans la consternation, attriste tous les trônes et suspend les fêtes dans cette résidence impériale où le deuil succède à la joie.

XX

Le roi dom Pedro V et l'infant dom Fernando, un autre de ses frères, avaient accompagné leur père, près de Villaviciosa, à une partie de chasse. La fièvre typhoïde régnait en ces lieux. Quand ils rentrèrent dans leur palais, ils rapportèrent avec eux les atteintes de la contagion, et le 6 novembre l'infant Fernando mourait sous les regards et dans les bras du roi. La mort, au moins une fois clémente dans ses rigueurs, ne laisse pas au malheureux souverain le temps de ressentir toute la douleur de cette perte : il est lui-même saisi par la maladie, et succombe le 11 novembre, au soir, à l'âge de vingt-quatre ans, et après six années de règne.

XXI

Telle est la version qui a d'abord prévalu; mais les causes de cette mort, répétée à un si court intervalle, ont vivement préoccupé les esprits. Elle a été constatée par le Conseil d'État réuni au palais *Das Necessitades*, et l'autopsie a établi que le roi dom Pedro V avait succombé à une fièvre pernicieuse, causée par les émanations pestilentielles des marais.

La presse de Lisbonne demande à grands cris que l'on assainisse la demeure royale et que l'on dessèche sans retard les fatales lagunes qui l'entourent.

Quelle que soit l'origine de la maladie qui a enlevé si inopinément le roi de Portugal, la nouvelle de sa mort ne pouvait être accueillie qu'avec désespoir par ceux qui l'avaient connu, ou qui avaient entendu parler de ses vertus. Le deuil est partout à Lisbonne et dans les autres villes du Portugal. Les églises sont encombrées, les maisons fermées. Tous les vaisseaux mouillés dans le port ont mis leur pavillon en berne, et pendant deux jours, depuis le lever jusqu'au coucher du soleil, les navires portugais, français et anglais, ont tiré d'heure en heure un coup de canon.

Mais c'est surtout pendant la cérémonie des funérailles que la douleur publique a éclaté, et que s'est manisfesté l'amour des Portugais pour dom

Pedro V. Jamais foule plus grande n'avait accompagné les souverains de ce pays jusqu'à leur dernière demeure.

Plus de huit mille personnes précédaient le cortége, pendant que le reste de la population formait partout la haie sur le passage du char funèbre. Tous les ministres à pied, à la tête des différentes administrations, les délégués de toutes les écoles, les corporations et les associations patriotiques marchaient en avant; puis venaient sept voitures de la cour, et enfin le char attelé de huit chevaux caparaçonnés de drap noir.

Tous les regards cherchaient cette tombe qui emportait le Titus du Portugal, et l'on ne pouvait retenir ses larmes à la vue d'une petite médaille d'argent suspendue au poêle qui recouvrait tout le char; noble décoration que le peuple reconnaissant avait, pour ainsi dire, attaché lui-même à la poitrine de son roi, afin de reconnaître son dévouement pendant la fièvre jaune, et qui, par le souvenir des vertus dont elle était le prix, redoublait la douleur d'une perte dont elle ne pouvait consoler!

Le cortége, parti à dix heures du palais *Das Necessidades*, n'est arrivé qu'à trois heures à l'église San-Vincente, où sont déposés les restes mortels de tous les membres de la famille royale et où dom Pedro V est allé, dans le caveau fatal, reposer auprès de ses ancêtres.

XXII

Cependant le trône ne peut rester vide et l'action gouvernementale ne peut être interrompue. Le Conseil d'État, le lendemain même de la mort de dom Pedro, défère la régence à dom Fernando, jusqu'à la prochaine arrivée de l'infant, auquel de tristes messagers ont dû apporter à Compiègne la soudaine et cruelle nouvelle.

Le roi-régent, ainsi condamné à survivre aux siens, et à mener les deuils de la royauté, adresse une proclamation aux sujets de son second fils.

Portugais,

« Dieu à daigné rappeler à sa sainte gloire, au-
« jourd'hui à sept heures un quart du soir, le roi
« dom Pedro V, mon fils bien-aimé. La douleur
« qui pèse sur mon cœur de père est sans doute

« bien comprise par ce peuple qui perd dans ce « roi chéri le modèle de toutes les vertus. Vu l'ur- « gence, et conformément au vœu du Conseil « d'État, j'entre en exercice de la régence de ces « royaumes pendant la courte absence du légi- « time héritier de la couronne. Je jure de main- « tenir la religion catholique, apostolique et ro- « maine, l'intégrité du royaume, la constitution « politique de la nation portugaise, et de pour- « voir, autant qu'il est en moi, au bonheur de « tous.

« Je jure de garder fidélité au roi dom Luiz Ier, « fils bien-aimé et apprécié entre tous, et de lui « remettre en main le pouvoir qui m'est confié, « dès qu'il sera arrivé dans ses royaumes..... »

Il reçoit les compliments de condoléance des ambassadeurs, et les marques douloureuses et consolantes à la fois de l'affectueuse sympathie de toutes les cours de l'Europe ; et quand le roi dom Luiz Ier vient prendre sur le trône la place que lui a laissée la mort d'un frère regretté comme soulagement à une juste douleur, il peut au moins lui montrer autour de ce trône un peuple qui pleure mais espère, et les représentants affligés de puissances amies.

XXIII

Louis-Philippe-Marie-Fernando de Bragance-Bourbon, duc de Saxe et de Porto, aujourd'hui roi sous le nom de dom Luiz Ier, est né le 31 octobre 1838. Il est âgé de vingt-trois ans.

Comme son frère, il a reçu une solide et libérale éducation, encore fortifiée par de nombreux et instructifs voyages; son esprit éclairé, son intelligence, son amour de la science, l'avaient déjà fait remarquer à une époque où l'on ne pouvait se douter qu'un trône lui fût destiné, et, depuis, les souvenirs flatteurs qu'il avait partout laissés se sont réveillés pour se joindre aux espérances de l'avenir, et les appuyer.

Les études du prince ont été surtout dirigées vers la marine ; capitaine de vaisseau, il commandait la corvette à vapeur le *Bartholomeo-Diaz*, qui l'avait amené en France aux fêtes de Compiègne, et l'a ramené à Lisbonne... vers le deuil et la royauté.

XXIV

La nouvelle de la maladie de l'infant dom Fernando était venue troubler, à Compiègne, cette aimable et douce gaîté qui faisait du duc de Porto un des hôtes les plus goûtés de la résidence impériale. Il dut partir, avec tristesse sans doute, mais du moins avec l'espoir que la Providence épargnerait de nouvelles épreuves à la famille royale; aucun bruit de mort ne retentissait encore à son oreille.

Une émouvante pensée jette je ne sais quelle lugubre poésie sur ce retour à Lisbonne, de celui qui était déjà roi, à son insu, et que deux cercueils attendaient près de ce trône où il ne croyait pas monter. C'est que le jeune capitaine de la corvette le *Bartholomeo-Diaz*, a pu rencontrer dans ce triste voyage le vaisseau de l'État qui lui apportait la nouvelle d'un double malheur, et sous la voûte des cieux, sur l'Océan, théâtre inaccoutumé d'augustes douleurs, apprendre au prix de combien de larmes Dieu le faisait roi!

XXV

Il faut régner cependant ! Et, le 14 novembre, dom Luiz Ier adresse cette proclamation au peuple, qui ne peut encore saluer son retour que par des pleurs :

Portugais,

« En vertu des décrets impénétrables de la Pro-« vidence divine, et conformément aux institu-« tions politiques du royaume, j'ai été appelé à « présider aux destinées de la nation.

« La douloureuse stupéfaction que je ressens « après la perte immense que nous venons de « faire, consterne mon cœur. Le pays pleure la « mort du plus juste et du plus éclairé des souve-« rains, et je verse des larmes sur la tombe du « plus affectionné des frères. Dans l'exercice de « la difficile mission qui m'est confiée, je m'ef-« forcerai de suivre les nobles exemples que m'a « légués le vertueux monarque si prématuré-« ment enlevé à l'amour de ses sujets.

« Observer fidèlement les institutions politiques « de mon pays est une loi aussi conforme aux « prescriptions de mes devoirs qu'à l'inspiration « de mon cœur. En exécution de la Charte con- « stitutionnelle de la monarchie, je jure de main- « tenir la religion catholique, apostolique et ro- « maine, et l'intégrité du royaume, d'observer et « de faire observer le système politique de la na- « tion portugaise, et de pourvoir, autant qu'il « sera en moi, au bien général de la nation.

« Ce serment sera bientôt ratifié par moi dans « la prochaine réunion des Cortès générales.

« J'ai ordonné que les ministres et secrétaires « d'État actuels restassent dans l'exercice de leurs « fonctions.

« Palais de Belem, le 14 novembre 1861.

Dom Luiz Ier.

En même temps un ordre supérieur annonce que S. M. dom Luiz, pour rendre hommage à la mémoire de son bien-aimé frère, et payer un juste tribut de larmes et de regrets à cette mort prématurée, a résolu de se renfermer pendant huit jours, et de prendre le deuil pour six mois.

XXVI

Il ne nous appartient pas de tracer le programme politique du nouveau règne, et de dicter ses devoirs à un roi qui les comprend si bien, et qui annonce hautement à ses peuples que Dom Pedro revivra en lui. Le discours que nous venons de citer promet aux Portugais une heureuse continuation d'un règne bienfaisant, et la réalisation des vœux d'un souverain trop tôt ravi à l'avenir, mais dont le gouvernement est resté comme un modèle pour ses successeurs.

Dom Luiz Ier monte sur un trône plus affermi que ne l'avait trouvé son frère; comme lui, la jeunesse et des talents renommés le désignent aux espérances du Portugal et aux sympathies de l'Europe; et les malheurs qui préludent à son avénement sont aux yeux de tous comme une triste mais sûre recommandation.

Du moins, il nous sera permis d'appeler les bénédictions du Ciel sur cette maison si souvent et si cruellement éprouvée ; et, empruntant encore quelques paroles à cet éloquent interprète des royales douleurs, dont le souvenir a été sans cesse présent à notre esprit dans le cours de ce récit, nous nous écrierons avec lui :

« Puisse ce Dieu de miséricorde accepter tant « d'afflictions en sacrifice agréable ! Puisse-t-il « placer ces victimes au sein d'Abraham, et, « content de leurs maux, épargner désormais à « leur famille et au monde de si terribles « leçons ! »

FIN

8271 Paris. — Imp. Renou et Maulde, rue de Rivoli, 144.

PARIS
IMPRIMERIE RENOU ET MAULDE
Rue de Rivoli, 144

www.ingramcontent.com/pod-product-compliance
Lightning Source LLC
LaVergne TN
LVHW012010160826
845678LV00002B/752

* 9 7 8 2 3 2 9 6 6 4 2 0 0 *